アクセシブルデザインの発想

不便さから生まれる「便利製品」

星川 安之

岩波ブックレット No. 939

はじめに——目からウロコの「便利製品」たち

アクセシブルデザイン、という言葉を聞いたことがあるだろうか。これは、「福祉用具と一般製品の中間的な位置にある、多様な人の身体的・感覚的・認知的特性に対応した、直観的で分かりやすい工夫と、それを応用した製品とサービス」のことである。そう言うと、難しそう、あるいは、自分には関係ないこと、と思われるかもしれない。しかし、実はアクセシブルデザインは身の回りにたくさん存在し、その存在と工夫を知ることは「目からウロコ」の体験間違いなしなのである。また、アクセシブルデザインについて知れば知るほど、それがすべての人に関わるものだということも分かってくる。

日本は世界でもアクセシブルデザイン製品が突出して数多くあり、また、それに関連したルールづくりで世界をリードしている。私は、日本でアクセシブルデザインの考え方が生まれた当初からその活動に加わり、アクセシブルデザインが広がっていく過程に関わってきた。この本では、私がたどってきた道筋を通して、アクセシブルデザインの可能性を紹介していきたい。

＊＊＊

一九九二年一〇月、日本各地のドラッグストアやスーパーマーケットに、側面にきざみ(ギザギザ)の付いたシャンプー容器が登場した。後述するように、このきざみはもともと、目の不自由な人がシャンプーとリンスの容器を区別する印として考案されたものである。しかし、目が不自由でなくても、洗髪時に髪を濡らし、目をつぶってシャンプーに手を延ばす大多数の人にとっても、このきざみは便利なものである。先に、「福祉用具と一般製品の中間的な位置にある」と言ったのは、そのように、障害のある人にもない人にも対応するという、アクセシブルデザインの特性を指している。シャンプー容器の小さなきざみは、その後、日本工業規格（ＪＩＳ）となって広く普及し、今ではほぼすべてのシャンプー容器につくようになった（図1）。

さらにこの「小さなきざみ」は、アクセシブルデザイン製品の先駆けともなった。「小さなきざみ」は市民権を得るとともに、同じような工夫が他の容器にも広がっていったのである。

そのいくつかを紹介しよう。ほぼすべての牛乳の紙パック容器には、上部に半円の切り欠きが付いている（図2）。これも、触っただけで「牛乳」であることを判別できるための工夫である。

図1　シャンプー容器側面のギザギザ

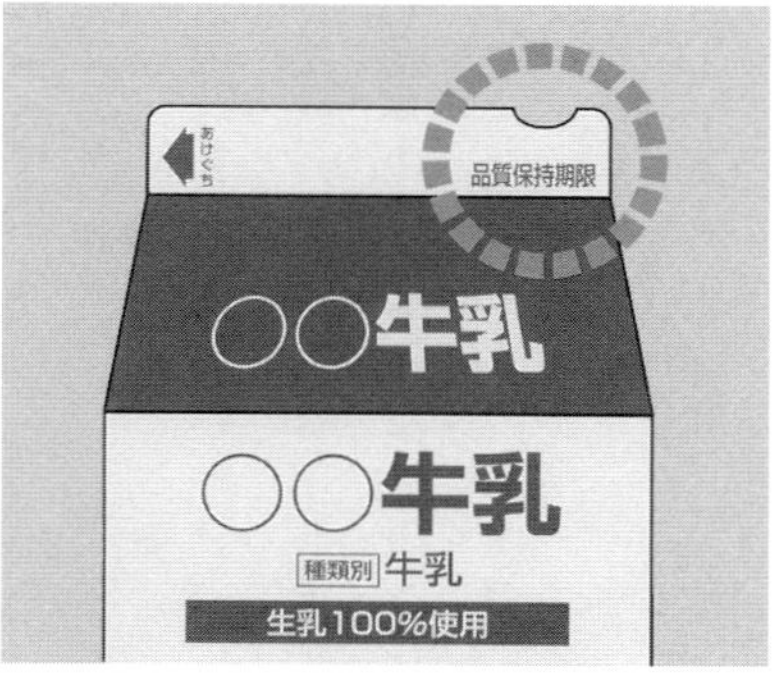

図2　牛乳容器の上の半円の切り欠き

この半円は、開け口の反対側に付いているため、「開け口は、半円の切り欠きの反対側」と覚えておけば、開け口を間違うことはない。この工夫は、メーカーの垣根を越え、自主的な取り組みとして二〇〇一年から始まり、今では毎日、大量の切り欠き付き牛乳パックが日本中の店に並ぶようになっている。

また、缶アルコール飲料の上部には、「おさけ」と点字で表示されており、目の不自由な人は、触っただけで他の清涼飲料の缶と識別することができる。

シャンプー、牛乳、アルコール缶飲料。それぞれ業界は異なるが、消費者にとって便利な工夫が検討され、企業の垣根を越え業界共通のルールになっているところに、大きな特徴がある。

点字が付いて識別できる容器は他にも、ジャム、ソース、ケチャップ、入浴剤、ペットボトルなどがあり、今もなおその工夫は増え続けている。

障害の有無や年齢の高低にかかわらず、より多くの人にとって便利なモノやサービスは、日本で「共用品・共用サービス」と呼ばれ、一九九一年からその普及活動が始まった。

容器以外にも、共用品は広がっている。多くの消費生活用製品には、ON－OFFスイッチのON側に、小さな凸点が付いている。そのため、明かりがないところでも、また目が不自由な人でも、どちらがONかを、触って知ることができる。

街に出てみると、都心を走るバスの多くには、車椅子をデザイン化した「国際シンボルマーク」と「ノンステップバス」の文字が書かれており、車椅子を使用している人が乗降をスムーズに行えるようになっている。車椅子使用者が、ホームから電車に乗り込む時に駅員さんが折り畳み式のスロープで乗降の補助をする仕組みも定着してきた。

電車やバス車内の行き先表示や、次の停車駅・停留所名の表示は、音声アナウンスだけでなく、液晶でも表示される。以前、耳の不自由な人は、駅や停留所に着くたびに、そこが自分の降りる駅かを、目を皿のようにして確認しなければならなかったが、今では容易に情報を得ることができる。駅では、券売機に音声案内の装置が組み込まれ、改札では自動改札機にＩＣカードをかざせば、音や表示でカードの残高が分かるようになっている。

国連が提唱した一九八一年の「国際障害者年」のテーマは、「完全参加と平等」。その後アメリカでは、一九九〇年に「障害を持つアメリカ人法」（ＡＤＡ法）が制定され、ユニバーサルデザインが提唱されるようになった。さらに二〇〇六年に国連は、「障害者権利条約」を採択した。今までに一五〇を超える国と地域がこの条約を批准し（日本は二〇一四年に批准）、障害者の権利のために、さまざまな調整や整備が各国で行われている。日本から発信された共用品の考え方は、海を超え、国際標準化機構（ＩＳＯ）で、ルールづくりのガイドとして制定されるまでになった。そのガイドを作成する過程で、「共用品」は「アクセシブルデザイン」と訳され、国際的な共通語となった。

日本発アクセシブルデザインのモノとサービス。その一つ一つに、誰にとっても社会が暮らしやすくなるためのヒントが詰まっている。他国に先駆けて超高齢社会に突入した日本では特に、環境、システム、サービス、そして機器や用具が、誰にとっても使いやすいことが充実した生活を送るために重要である。

この本では、それらのヒントを紹介していきたい。本書がより多くの人にとって暮らしやすい社会を作っていくための気づきのきっかけになれば、と願っている。

第1章　それはおもちゃの開発から始まった

きっかけ

一九七九年春、大学四年生の私は、友人とともに重度重複障害児が通う施設の手伝いに通っていた。施設では、麻痺《まひ》した手足を懸命に動かし、自分の感情を表現しようとする子どもたちに出会い、表現しようのないショックを受けた。そして、そこの保育士さんが「ここの子どもたちが遊べるおもちゃが、もっとたくさんあったら……」と呟《つぶや》くのを聞いたことが、今の仕事をするきっかけになった。おもちゃメーカー、トミー工業株式会社（現・株式会社タカラトミー）に入社したのは一九八〇年のことだった。

トミーの入社試験の面接で、「障害のある子どもが楽しめるおもちゃを作りたいのですが、そのような部署はありますか？」と、人事部の課長に尋ねた。すると、「今は、君が言っているような部署はないけれど、近い将来できる可能性がある」と言われた。

その言葉通り、入社六カ月後に新設された「ハンディキャップトイ（ＨＴ）研究室」に運良く配属されることになった。トミーの創業者、故富山栄市郎会長の「これからは、世界中のどんな子どもでも楽しく遊べる玩具を作っていきなさい」という遺訓のもとに発足したこの部署での最初の仕事は、さまざまな障害のある子どもたちに会って、遊ぶことだった。自閉症、脳性麻痺、ろう、難聴、全盲、弱視など、世の中にあるモノやサービスに何らかの不便さを感じている子どもたちである。最初の一年間で出会った子どもの数は一〇〇〇人を超えた。

その一年間、子どもたち、療育者、医師、両親と接し、分かったのは、すべての子どもに適したおもちゃがあるのが理想だが、それぞれの障害および個性によって不便さが異なるため、残念ながら、それは不可能に近いということだった。

しかし、現状分析や理屈を並べているだけでは、先へ進めない。「やれるところからやっていこう」。それが一年目の結論だった。その方針に従い、二年目は目の不自由な子どもたちのおもちゃに的を絞って作業を進めることにした。目の不自由な子どものいる家庭を何度も訪問し、今までに遊んだおもちゃで「不便だった点」や、「こんなおもちゃがあったら!」という意見を聞いていった。それらの声を受けて、電子音のメロディーを奏でるICチップを中に入れ、ちょっと揺らすと三〇秒間メロディーがなるタオル地のボール、メロディーボール(図3)や、手で触って楽しめるゲームやパズルなどを商品化していった。

図3　揺らすとメロディーがなるボール

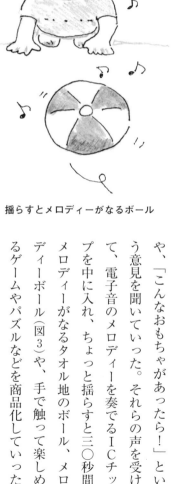

始まりは「盲人用具」――日本点字図書館用具部について

目の不自由な子どものためのおもちゃやゲームを開発するにあたっては、目の不自由な子どもを持つ親、盲学校の先生、特別支援教育の研究者など、多くの人からアドバイスをいただいたが、中でも社会福祉法人日本点字図書館(日点)の職員の人たちには多大な協力をいただいた。日点では、目の不自由な人たちのために、点字本や音声による図書(当時はカセットテープが主流)の製作・貸し出しを行うことに加え、日点内に用具部(現・用具事業課)を設置し、目の不自由な人が使う用具の企画・開発・販売を行っている。

目の不自由な人が歩行する時に使用する白杖《はくじょう》、点字を書くための点字筆記用具をはじめ、日常生活で必要なものを数多く扱い、日本全国の視覚に障害のある人たちの生活を支えている。用具部で扱っている製品をいくつか紹介しよう。

腕時計は、一見普通の腕時計に見えるが、文字盤の透明カバーを開けることができ、長針と短針と文字盤を指で触り、今が何時何分であるかを確認できる「触読式腕時計」である(図4)。文字盤は、12、3、6、9時の位置に凸線が、1、2、4、5、7、8、10、11時の位置には凸点がある。

その他に針と表示盤に指を触れるものとしては、調理用の秤《はかり》や体重計もある。通常は表示盤の上にある透明カバーがなく、針と凸点のついた表示盤を触って重さを確認することができる。体重計には針を固定させるためのボタンが付き、体重計から降りても、測定した体重が触って分かる仕組みである。

しかし目の不自由な人の中には、指先で触って確認することが困難な人もいる。そこで、登場してきたのが音声で知らせるモノたちである。

腕時計、調理用秤や体重計以外にも、血圧計や万歩計など身体の状態を測定するモノ、調理に使う電磁調理器など、多くのモノに音声が付き、表示内容や使い方を知らせている。

一九八四年に発売された音声体重計は、目の不自由な人たちの間では、需要の高い製品である。けれど、一時売り上げが落ち込んだ時があった。それは、音声で体重が告げられると、自分の体重を他人に知られてしまう、という心理的な抵抗からであった。それを知ったメーカー担当者は、長いイヤホンを附属品としてつけ、他人に自分の体重を知られたくない時には、そのイヤホンを使えるようにした。その工夫により、音声体重計は再び人気商品に返り咲くことができた。目の不自由な人にはただ「音声で伝えればいい」のではないことを、この事例は教えてくれる。

図 4　指で触って時間を確認する触読式腕時計

目の不自由な人とのトランプ

日点用具部では、日常生活用の製品ばかりでなく、「遊ぶ」モノにも力を注ぎ、企画・開発および販売を行っている。一九八〇年に私が初めて用具部を訪れた時に目にしたのは、点字付きのトランプとパズル、そして盲人用のオセロであった。用具部で販売されているトランプには、全てのカードの左上と、右下に点字で、そのカードの数字とスート（スペード、ハートなどのマーク）が点字で表示されている。

点字付きトランプで思い出すエピソードがある。ＨＴ研究室の仕事をはじめて間もない頃、目の不自由な人の自宅に招かれたことがある。目が不自由な人三人と私の四人で、昼の明るいうちから、点字付きトランプでゲームをしていた。時間を忘れるほど熱中して、非常に盛り上がった。そのうち夕方になり、電気の点《つ》いていない部屋で私は、だんだんトランプのマークと数字が読みづらくなり、私だけスピードが遅くなった。

私以外の三人は、部屋が明るかろうが暗かろうがプレイに支障はなく、大騒ぎにも変化はない。スピードが遅くなった私に三人は、「どうした！　何を考え込んでいるんだ？」とか、「早く！」など、容赦のない言葉を浴びせかけてくる。実は部屋が暗くてトランプの数字がほとんど見えない、明かりを点けてもよいか？　と言いたいのだが、目が不自由な人と付きあいはじめて日が浅く、自分だけ見えていて明かりを点けていいかなどと聞いたら、この人たちの気持ちを深く傷つけてしまうのではないだろうか、などの考えが頭の中でグルグル渦巻いていた。

ついに外の光がとだえ、目をいくらカードに近づけてもトランプの数字とスートがまったく見えなくなった。生まれて初めてぐらいの勇気を振り絞って「暗くて数字が見えない……」と、蚊の鳴くような声を発したところ、「なんだ！　そんなことはもっと早く言いなさい！」の答えが、三人から同時に戻ってきた。

それまで、目の見える人がマジョリティで、目の不自由な人がマイノリティという状況に慣れていたが、自分がマイノリティとなって目が見えない人たちに囲まれた経験は強烈だった。

トランプと扇子は、右利き用

共用品の多くは、マジョリティのためのモノやサービスをマイノリティにも使えるように配慮と工夫を施したものである。身近なマジョリティ／マイノリティの例として、右利きと左利きがあるが、右利きの人が想像しない左利きの人の不便さの例として、トランプと扇子《せんす》がある。

日本やアジア各国で通常販売されているトランプは、右利きの人には使いやすいが、左利きの人にとっては使いづらいことを、ご存知だろうか？　近くにトランプがある右利きの人は、五、六枚手にとって、いつもと同じように扇型に広げてみていただきたい。今度はカードを逆の手に持ち替え、さっきと逆の手で広げてみるとどうなるだろう？　「えっ!?」と思われたのではないだろうか。手品のように数字とスートがみごとに消えてしまうのである（次頁の図５）。もっとも、これは何も不思議なことではなく、単に数字とスートが左上と右下にしか印刷されていないためである。右利きの人は普通、カードを左手に持って右手で広げるが、そのようにした時に見える位置に数字とスートが印刷されているのである。日本だけではなく、世界中の約九割もの人が右利きで、一割が左利きと言われている。そのため、世の中の多くのモノは、右利きの人が企画やデザインをしているだろうと容易に想像できる。一般に出回っているトランプも、右利きの人がデザインしたのだろうと想像する。

扇子はどうか。右利きの人が扇子を広げ、右手であおぐと、扇子は心地良い風を送ってくれる。

図 5　一般的なトランプの数字とスートは左上と右下に印刷されているので，左利きの人が開くと数字とスートが見えなくなってしまう(左)

しかし、同じ扇子を左手に持ち、左手であおぐと、扇子は徐々にではあるが、閉じはじめてしまい、風を送ってくれないだけでなく、腕が疲れて余計に汗をかくこととなる。これも手品ではなく、扇子の根《ね》本《もと》が右手であおいだ時に閉じない止め方になっているためである。

　トランプと扇子。では、左利きの人が使える、または、使いやすくするためには、どうすれば良いか？　答えは二通りある。

　扇子の場合は、扇の根本の部分の閉じ方を逆にすることによって、左利きの人専用の扇ができあがる。ただし、ここでの問題は、コストである。製品は、多く作ると価格が安くなり、少量では高くなるのが通常である。実際、左利き用の扇子も販売されているが、値段は一般の扇子の一・五倍から二倍ほどになっている。少数派の声が社会に届きにくい理由は、この左利き用のモノでも証明される。

　トランプの場合はどうか。もし数字とスートが各カードの右上と左下のみに印刷されたトランプが販売されていたら、左利きの人にとっては便利なトランプになるはずである。ただし、世の中に九割いる右利きの人にとっては、「なんだこれは！　こんなトランプ、使えるか！」となることは十分予測がつく。

左利きの人にも右利きの人にも使いやすいトランプにする方法は何か。答えは、カードの四隅に数字とスートを印刷することである。それによって、右利きの人も、左利きの人も、ストレスなく、一緒にトランプを楽しむことができる。印刷会社の人に聞いたところ、四隅に数字とスートを印刷してもコストは変わらないそうだ。それにさらに点字を付ければ、目の不自由な人も、左利きの人も一緒に一つのトランプで遊ぶことができる。

日点で販売している点字付きのトランプは、トランプメーカーから一般のトランプを購入し、それに日点の人が、一枚一枚点字を貼っていく作業をしている。当時、私が聞いたのは、同館の創立者の本間一夫氏が自ら、夜寝る前と出勤前に少しずつ点字を貼って、トランプの価格に反映させないようにしているということだった。他にも、数字の駒を動かす「15パズル」など、一般に市販されているモノを購入して、日点で点字のシールを貼る方式をとっていた。そのような二次加工作業によってしか盲人用のゲームやパズルは手に入らない、と職員の人たちは諦めていたようだった。

盲人用オセロの誕生

そこに登場したのが盲人用オセロである。オセロは、日本生まれの大ヒットゲームである。今から四〇年ほど前に発売された、二人で遊ぶこの盤ゲームは、表裏が黒と白の駒を8×8のマス

図６　「大回転オセロ」は，駒が台に固定されており，指で押すと白や黒に変えることができる

目に順番においていき、自分の駒で相手の駒を挟むと、ひっくり返して自分の色にすることができ、駒を並べ終わった時に自分の色の駒が多い方が勝ちというものである。ルールの分かりやすさとともに奥深さが多くの年代に受け入れられ瞬く間にヒット商品となり、一家に一台といっても過言ではない状況となった。しかしオセロの駒は、色は黒と白だが、手触りは同じである。そのため、目の見えない人には表裏の区別がつかない。家族で楽しめるはずのオセロが、目の見えない人は参加することができないのである。

自分たちも家族と一緒にオセロを楽しみたい、という声が複数、日点用具部に届いた。日点用具部の職員はつてをたどって、オセロの開発者長谷川五郎さんと、製造・販売元のツクダオリジナル（現・株式会社メガハウス）の担当者に連絡をとった。長谷川さんもツクダオリジナルの担当者も、目の見えない人たちからの希望を真正面から受け止め、何度も試作を繰り返し、一九七六年、盲人用オセロが完成した。改良されたオセロは、駒の黒面に三重の輪が凸表示で付けられ、触ってすぐに識別できるものとなった。駒の違いだけでなく、マス目にも工夫が加えられた。マス目が障子の桟《さん》のように凸状の枠になり、駒が隣のマス目に動かないようになったのである。これは、目の見えない人が盤の駒を触って確認する時に、駒が隣のマス目に動いてしまうことへの対応である。この工夫された盲人用オセロは、目の不自由な人の大ヒット商品となり、その後、オセロ世界大会に、視覚障害者の部門ができるに至った。さらにその後オセロは、駒が摘《つま》めない人も遊べるように、指で駒を押すと回転し、盤の色から黒、もう一度押すと白に回転する仕様のものが登場した。その名も「大回転オセロ」といい、黒の駒には、以前のバージョンと同じく同心円状の凸表示があり、目の不自由な人も引き続き楽しめるようになっている（図６）。

日点がこのオセロを初めて入荷した時、職員の一人が「入荷してから、点字を貼るなどの二次加工をしなくていい商品なのがとても嬉しい」と言っていたのを鮮明に覚えている。

プラザ合意後の円高を契機に

ちょうどその頃、『テルミ』という、目の不自由な子どもを対象とした指で読む絵本と、弱視者向けの大きな活字本シリーズを出版していた小学館に、トミー社で作ったゲームを含む盲人用のゲーム紹介本（ゲームガイドブック）を出版してもらった。その出版を機に、大活字本と盲人用のゲームの展示会を、東京・神田神保町の三省堂書店で、日本点字図書館、小学館、トミー共催で行い、九日間で約七〇〇〇人の来場者があった。その展示会は通常の展示会と少々異なっていた。それは左記の点である。

- 展示されているすべてのモノが手にとって確認できる。
- 製品の名称や使い方などの説明カードが、点字や拡大文字でも表示されている。
- 目の不自由な人に対してスタッフは、「これ」「あれ」などの指示代名詞を使わず、「一〇センチ前にあります」「右斜め前にあります」など、具体的に説明をした。

マスコミに「画期的な展示会」と数多く取り上げられ、トミーのＨＴ研究室は、順調に船出するはずだった。しかし、プラザ合意（一九八五年）後の円高で、日本の輸出産業は大きな痛手を負うことになり、トミーもその例外ではなかった。会社は希望退職者を募り、社員が半数になるという非常事態のなかで、利益と直接結びつきにくいＨＴ研究室を残すべきかどうか、会社は選択を迫られた。

トミーが出した結論は、「一般玩具の開発と兼任で、障害のある子どもの玩具の研究も続ける」というものであった。ただし景気が回復するまで、予算はだいぶ削られることになった。削られた予算でできることは何か、考えた。

そんな時、目の不自由な子どもをもつお母さんから「おもちゃ屋さんに行っても、うちの子どもが遊べるおもちゃがあるか、分からない。なぜなら、多くのおもちゃは箱に入っていたり、ショーウィンドーの中だったりするからです。何かよい方法はないですか?」という趣旨の手紙をもらった。それまでは、おもちゃを作ることで頭がいっぱいで、そこまで考えが及んでいなかった。そこで、限られた予算で点字によるおもちゃカタログを作ることを思いついた。日点の人たちに相談すると、「点字を習うのは、小学校に入学してから。おもちゃで遊びはじめる頃はまだ点字を習っていないけれど、耳で聞くことはできる」という答えだった。

点字ではなく、目の不自由な子どもたちが耳で聞く「声のおもちゃカタログ」。さっそくトミーのおもちゃの中で、目の不自由な子どもにも楽しんでもらえそうなものを選び、おもちゃカタログのシナリオを書いた。シナリオを書いてみると、音楽もほしくなった。けれども予算はない……と考えていると、社内でバンドを組んで作曲もしている人がいることを知り、恐る恐る相談した。あっけなく「いいよ」の答えとともに、一週間後に、オルゴールの音色に似たオリジナル曲が、選んだ商品の数だけ届いた。日本初、もしかすると世界初の『声と音楽によるおもちゃのカタログ』が作られ、全国の盲学校、目の不自由な子どもたちの施設、各地の点字図書館に配布された。初めての試みで多くのマスコミに取り上げられたおかげで、その後、資生堂、ソニー、ディズニーランドなどが、同じように商品や施設の説明テープを作るようになった。

共遊玩具の誕生

兼任で一般玩具の企画・開発を大部屋で行うようになり、使い慣れないヤスリなどに悪戦苦闘しはじめた頃のこと。ふと周りで試作されているおもちゃを見ていると、このままでは目の不自由な子どもは遊べないけれど、ここにちょっとしたポッチを付けると目の不自由な子どもたちでも遊べるのではないかと思えるものがあった。そのような盤ゲームを作っている先輩がいたので、その話をしてみたところ、「ポッチをつけることくらい、大したことないよ」という返事だった。目の不自由な人や専門家に試作品を見てもらい、試行錯誤をし、そうやって、目の不自由な子どもも目の見える子どもも、共に遊べるおもちゃ（共遊玩具）の第一号ができあがった。

ここで新たな課題につきあたった。以前、盲児専用に作ったメロディーボールは盲人用具のみを扱う日点で販売したため、それが目の見えない子ども向けの製品であることを、あえて表示する必要はなかった。しかし、共遊玩具は一般の玩具店で売られるもので、そのままではお店の人にも、お客さんにも、共遊玩具であることが分からない。

それを解決するには、パッケージにマークを付けるのがよいのではないかということになった。今までアドバイスをくれた人たちにまた意見を聞き、目の不自由な人に「盲導犬」として馴染みの深いラブラドール・レトリーバー犬をデザイン化したマークを表示することになった(二〇頁の図7左)。マークを付ける商品には、いくつかの基準を設けた。「ON側のスイッチに小さな凸が付いている」「ゲームの駒は、色以外に手触りで判別できる」など、一〇項目程度である。

しかし、ここでさらなる発展があった。もし、この基準をトミー一社で決めてしまい、他の企業が異なる基準で共遊玩具を作ってしまったら、子どもたちは混乱し、かえって不便になってしまうのではないか。そこでトミーは業界のまとめ役である日本玩具協会に、「小さな凸の提案」という名称で、業界全体でこの活動を行っていくことを提案したのである。提案は玩具協会理事会で全員の賛同を得て、協会内に「小さな凸実行委員会」が発足したのが、一九九〇年四月のことだった。

小さな凸実行委員会では、盲導犬マークを表示する玩具を「晴盲共遊玩具」と名付け、マークを表示するための基準を「ガイドライン」としてまとめ、協会に加盟する玩具メーカーに説明した。一年目の一九九一年は、二社から申請された九点のおもちゃが晴盲共遊玩具として認定されたが、二〇年以上経った二〇一四年には、一九社から発売された一八三点の玩具に、盲導犬マークの表示がされるに至っている。委員会では、それらのおもちゃのカタログを点字・墨字(点字に対して書いたり印刷されたりした凹凸のない文字や絵）の二種類作成し、各地の盲学校や点字図書館、希望者に送付している。この活動を行う中で、目の不自由な子どもを持つお母さんから手紙をいただいたので、二つ紹介したい。

「目の不自由な子供にも遊べるおもちゃがあるのかとても心配でした。そしたらおもちゃ屋さんに行き、「盲導犬マーク」と出会い大変嬉しかったです。知らない間はいろんな多くのおもちゃでは遊べず、すごく悩みました。子供がかわいそうでした。私みたいに知らない人がまだたくさんいると思います。多くの人に教えてください。」（二歳全盲の子どもを持つ母親）

「晴盲共遊玩具のお考えがあること、とても嬉しかった。ほとんどの場合、障害のある子供のおもちゃとなると、教材屋さんへ特注してから……という物が多い世の中。すぐに手にできる、耳に入れる、目にする幸せ……わかってもらえますか？」（四歳弱視女児の母親）

一九九二年にはこの活動の第二段階として、耳の不自由な子どものためのおもちゃの研究が開始され、耳の不自由な人のために「配慮」が施された玩具のパッケージには、「うさぎ」をデザイン化した「うさぎマーク」を表示するようになった（次頁の図7右）。うさぎマークが表示された第一号は、字や絵を何度でも描いて消せる、「せんせい」というおもちゃだった。

実は、うさぎマークは、マークが作られても、しばらくはそれに対応するおもちゃが作られな

図7　目が不自由な子も遊べる玩具であることを示す盲導犬マーク（左）と，耳が不自由な子も遊べる玩具であることを示すうさぎマーク（右）

かった。というより、耳の不自由な子のためのおもちゃについて、玩具メーカーがうまくイメージできなかったというべきかもしれない。「せんせい」も、もともとはうさぎマークの付いていない一般のおもちゃとして売られていたのだが、ある出来事をきっかけにうさぎマークが付けられるようになった。

それは、「せんせい」発売から数年後のことだった。製造元のタカラ（現・株式会社タカラトミー）に、ある病院の看護師さんから、製品を改良してほしいという依頼の手紙が届いた。手紙には、その病院では、発声ができない患者さんと看護師たちの筆談用に「せんせい」を使っていると書かれてあり、その上で、「このおもちゃはとても便利なのですが、サイズがＡ３ほどあり、持ち運ぶには少し大きすぎます。また、子ども向けなので、色が真っ赤で、大人が使うには少し抵抗があります」と、サイズと色の違うタイプを発売してほしいと要望していた。タカラの担当者が聞き取りを行ったところ、「せんせい」は他の病院でも使われており、同じような要望があることを知った。そこで、携帯できて大人が使っても違和感のない色の、大人向けの「せんせい」を発売することになった。このことからタカラでは、「せんせい」が声を介したコミュニケーションが難しい子どもたちも遊べるおもちゃなのだと気づき、パッケージにうさぎマークが付けられるようになった。「せんせい」の機能をもつ製品の利用は他業界にも広がり、今では、銀行、空港カウンター、百貨店、駅の改札、ホテルなど、接客を行う窓口で数多く備えられるようになっている。まさに「多様な人の身体的・感覚的・認知的特性に対応する」というアクセシブルデザインの思想を先取りしたおもちゃだったと言える。

「盲導犬マーク」「うさぎマーク」でスタートした日本玩具協会の「小さな凸実行委員会」は、幅広い活動を行うために二〇〇二年に「共遊玩具推進部」と改名し、その活動は今も続いている。共遊玩具の考え方は他の国々にも広がっている。日本玩具協会は一九九二年に、世界の玩具協会の代表者が年に一度集まる会議で「小さな凸」の活動を紹介し、共遊玩具の考え方と経過を報告した。すると、多くの国から関心が寄せられ、一九九三年二月にイギリスで、同年一一月にアメリカで、それぞれ共遊玩具を普及する事業が始まった。その活動は今も継続され、毎年それぞれの国で共遊玩具のカタログが発行されている。

日本おもちゃ大賞

二〇〇八年、日本玩具協会では「良質で市場性のある玩具の開発促進と、メーカー各社の感性の切磋《せっさ》琢磨《たくま》」を目的に、日本おもちゃ大賞を創設した。賞は七部門あり、玩具の専門家が審査し、毎年六月に開催される東京おもちゃショーで、各部門一つの大賞と四つの優秀賞が発表される。

部門の一つに共遊玩具部門があり、二〇一五年に大賞を受賞したのは「ＪＯＵＪＯＵみつけてみよう！いろキャッチペン」（タカラトミー）というペン型の玩具で、先端のセンサーで感知した色を音声で伝えるものである。パッケージに盲導犬マークが付いた共遊玩具である。

二〇一五年の日本おもちゃ大賞の共遊玩具部門には、一四社から三四点のおもちゃが応募されたそうだ。それらは必ずしも障害がある子を対象に開発されたものではなく、障害がある子も一緒に遊べる工夫が組み込まれたおもちゃである。共遊玩具の考え方は、日本のおもちゃ会社にとってすでに基本的な考え方になりつつあるといえるだろう。これからも各社のアイディアが盛り込まれた、障害のある子もない子も一緒に遊べるおもちゃがどんどん増えていくことを願っている。

第2章　「小さな凸」を他業界へ　——何が便利か、みんなで考える

玩具から他業界へ

前章で述べたように、玩具業界では共遊玩具の基準をいくつか決めた。しかし、それはあくまで玩具業界内部の基準である。他の業界で、障害がある人にも使いやすい製品を別の基準で作り始めたら、それぞれの業界のせっかくの工夫が、混乱と不便の原因になってしまう可能性がある。そのため、不便さを解決する「小さな凸」の活動を行うのであれば、なるべく早い段階で、他業界の人たちとも一緒に進めることが必要だと考えるようになった。

幸いなことに、「小さな凸」の活動を行うため、私は、午前中はトミーで仕事をし、午後は日本玩具協会で協会の仕事をする機会を一年間与えられた。玩具協会の「小さな凸」の活動は、離陸直後ということもあり、多くの新聞、雑誌、テレビ、ラジオに取り上げてもらい、多くの人たちに活動を知ってもらうことができた。その結果、他業界の人から日本玩具協会に「その委員会にわが社も入ることはできないか？」という問い合わせが数多く寄せられた。

日本玩具協会は、その名の通り玩具の協会なので、異なる業界の人たちが協会の「小さな凸実行委員会」に参加することはできない。しかし、業界横断的に情報を共有し、配慮の基準を共通にしておく必要がある。例えば、業界によって、ＯＮのスイッチに凸が付いている場合と、ＯＦ

Fのスイッチに凸が付いている場合とがあると、大きな混乱のもとになる。

そこで、玩具協会の委員会とは別に、異なる業界を横断する新たな集まりを持つことになった。そうやって一九九一年四月に、第一回会合が、日本点字図書館で開かれた。会の名前は、「E&Cプロジェクト」。「Enjoyment and Creation Project」の略で、「楽しんで創りだしていく」という意味である。初期メンバーは一六人で、家電、衛生設備、音響、玩具などのメーカーや、テーマパーク会社、自治体、デザイン事務所、福祉機関などからの参加だった。会長には、日本初の女性の工業デザイナーである鴨志田厚子さんが就任し、のちにアクセシブルデザインと呼ばれるようになる「共用品」の普及に関する検討が本格的に始まった。

一カ月に一度の会合は、会を重ねるごとにメンバーが増え、八年後の一九九九年には約四〇〇名にもなった。プロジェクトの特徴は、障害のある人もない人も同じ立場で参加していたこと、そして、情報交換だけでなく、プロジェクト自体が事業を行っていたことである。

不便さを知る

業種、職種、年齢、障害の有無など、さまざまな人たちが参加したE&Cプロジェクトは、会の目的を「誰もが使えるモノやサービスを普及させること」と定めた。参加メンバーは、それぞれの立場でそれまで行ってきた事例の成功・失敗の経験を紹介し合った。経験を共有して出た結論は、「誰が、どんな不便さを日常生活で感じているか」をまずは「知る」ことが必要だということだった。

はじめからすべての人の不便さを把握することは、困難である。できるところから実施していくことになり、まずは視覚に障害のある人たちに的を絞って「日常生活での不便さ」を調べることになった。初めに当事者の立場で名乗り出てくれたのは、会のメンバーの木塚泰弘さんだった。全盲で、視覚障害児教育の研究を長年行っている木塚さんが、朝起きてから夜寝るまでに、どのような不便さがあり、それをどのような工夫で解決しているか、解決できないでいるモノやコトはなにか、を一時間近くかけて話してくれた。メンバーの多くは、目が見えない人の生活に強い印象を受け、この現状を社会に伝えることの意義を強く感じることになった。

しかし、木塚さん一人のことでは、個人の特殊事例とされてしまうかもしれない。そこで、同じ障害のある人、少なくとも三〇〇人以上に話を聞くことに決めた。

まずは二〇人ほどに、基本的な方向性を探るための定性調査を行い、それから数的裏付けのための定量調査を行う計画をたてた。定性調査の二〇名は、プロジェクト・メンバーが所属する福祉機関などから紹介してもらい、Ｅ＆Ｃプロジェクトのメンバーが二人一組で対象者の自宅を訪問し、①家の中で不便に感じること、②家の外で不便を感じること、③家の中、家の外で不便さを解消するために工夫していること、の三つの質問を行った。

どのスイッチか分からない

ある大手家電メーカーに所属するＥ＆Ｃメンバーが、定性調査のために目の不自由な人の家庭を訪問した時のこと。目の見えないその家の女性は、使っている製品をいくつか見せてくれた。

その中に、彼が企画した洗濯機があり、嬉しくなって思わず「これ、私が企画した洗濯機です！」と言ったところ、しばしの沈黙の後、「これ、使いにくいんです」という予想していなかった返事が返ってきた。「これを買う前まで使っていた洗濯機は、ボタンを押すとそのボタンがへこみ、何番目のボタンがどの機能かを覚えておけば操作が可能でした。けれども、この洗濯機のスイッチには凹凸がなくて、押してもへこまず、どこに何のボタンがあるかが分からないのです」という。彼は、次のE&Cプロジェクトの会合でその話を紹介し、「目からウロコが落ちました」と言った。

その後彼は、社内で洗濯機をはじめとする家電製品の平らなスイッチ（シート状のスイッチ）のONの部分に凸点を付け、その他のスイッチには点字でスイッチの意味を表示をする提案をした。その提案は、家電製品協会へつながり、家電業界のガイドラインとなった。今ではJIS規格となり、日本で製造・販売される家電では、スイッチに点字が付いているのが標準的な仕様になっている。

三〇〇人への調査

二〇名への定性調査をもとに定量調査の質問票を作成し、関係機関の協力を得て、三〇〇名の目の不自由な人へのアンケート調査を実施した。アンケート用紙は、点字版、大きな活字版、音声版を用意した。

回答は続々返ってきた。集計結果は定性調査を裏付けるものであったが、不便なモノやコトの種類は広範囲にわたっていることが確認できた。
・電車やバスに乗った時、席があいているのかどうかが分からない。
・点字ブロック(正式には、視覚障害者誘導用ブロック)を頼りに歩いていると、自転車や自動車がブロックの上に止めてあって、ぶつかることがある。
・容器の形が同じで中身が違う製品の中身を識別できない。
・各種カード類の種類、挿入する方向が分からない。

以上は、山のように出てきた不便さのほんの一部である。E&Cプロジェクトとしては、ここからがまさに事業のはじまりであった。

アンケート結果を報告書にして、多くの企業、業界団体、公的機関に送って読んでもらい、不便さを知ってもらうことが最初の事業になった。作成された報告書は、プロジェクト・メンバーの想像を遥かに超え、さまざまな機関で、共用品や共用サービスを推進するための大きな後押しとなった。

報告書の中にあった、「郵便ポストに入っている郵便が、重要な書類なのかが分からない」という不便さに対して、静岡県では、県から発送する封筒の左下に、県のマークである富士山を凸で表示することにした。それを受け取った目の不自由な人は、「静岡県からきた封筒」であることが分かる仕組みになっている。さらに、金銭関係の書類が入っている県の封筒は、折り返し部分が波型になっており、「静岡県からきた金銭関係の書類が入っている封筒」であることが分かる。

ヤマト運輸では、宅急便の受取人が不在の場合、「ご不在連絡票」をポストに入れるが、目の不自由な人はどこからきたメモなのかが分からない。そこでヤマト運輸が考えたのは、不在連絡票に切り欠きを付けること。横にすると、会社のシンボルマークである猫の耳型になる切り欠きをデザインした。この工夫は今も継続されており、目の不自由な人は、触ればヤマト運輸の不在連絡票であることが分かるようになっている。

不便さ調査の報告書は、さらに発展する。プロジェクト・メンバーの一人が会社の同僚に報告書を見せたが、字と棒グラフが多く、あまり関心を惹かれない様子だった。この形式では多くの人に届かないと考え、報告書をもとに自ら『朝子さんの一日』という絵本を作り、E&Cプロジェクトの会合で披露した。「報告書は字とグラフばかりで、多くの人に読んでもらえなかった」と報告するだけでは、報告書の作成が失敗だったと述べているようで、プロジェクトの出鼻がくじかれてしまう。絵本という代替案を示し実行してくれたことで、前に進むことができた。『朝子さんの一日』は、その手作り感を生かしながら、小学館がイラスト付き単行本として見事にまとめ(『朝子さんの一日――目の不自由な人の生活を知る絵本』永原達也・文、大中美智子・絵、一九九三年)、その後、同社から出版されるバリアフリー関連書のさきがけとなった。

シャンプー・メーカーの集まり

不便さ調査では、触覚による識別が困難で不便を感じている製品の第一位として、シャンプーとリンスがあがった。この結果を製造元の企業に知らせることが必要ではないかと考え、各社の広報室に、E&Cプロジェクトの目的と不便さ調査について紹介し、調査結果の報告会を行いたいと手紙を出した。一九九二年に行われた報告会には、大手約一〇社の本部長クラスの人たちが参加してくれた。

報告会では、『朝子さんの一日』のモデルになった河辺豊子さんが、目の不自由な人の一日を当事者として紹介するとともに、シャンプー、リンスの識別に困っている人が多いことを、ユーモアを交えて話した。その軽妙な語り口に、硬かった会場の空気は一気にほぐれた。各社は、シャンプー、リンスを触って区別するために行ってきた取り組みについて、それぞれ報告をした。シャンプー、リンスの点字シールを配布している企業、シャンプーとリンスの容器の大きさを変えている企業など、それぞれ工夫をしていたが、全社が採用するには難しい工夫だった。そんな中、花王株式会社で包装容器の開発をしている人が発言した。

「花王では、数年前から毎年、目の不自由なお客さまから、「シャンプーの前にリンスをしてしまった」「シャンプーの後にまたシャンプーをしてしまった」といった声をいただいています。そこで一年前からプロジェクトを組み、試作品を作って目の不自由な人、目が見える人にそれを試してもらってきました。その結果、花王のシャンプー容器の側面に、ギザギザ(きざみ)を付けることにしました。他社がリンス容器にきざみを付けると使う方が混乱すると思い、実用新案登録をしましたが、権利は無償で放棄することにしています。ご賛同をいただけるのなら、シャンプー容器にきざみを付ける工夫を共有できれば、と思います」。

冒頭で紹介したように、このきざみは、その後ＪＩＳ規格に採用されたことも大きく影響し、日本で販売されるほぼすべてのシャンプー容器の側面に、付けられるに至っている。しかし、それから二〇年以上経ち、私たちは一通の要望書を、視覚障害の当事者団体から受け取った。そこには、「シャンプーのきざみは、目の不自由な自分たちにとって大変役立っている。けれど、宿泊施設や公衆浴場には最近、シャンプー、リンスと、ボディソープの三つの容器があり、どれも同じ形でリンスとボディーソープを識別することが困難である。何とかならないだろうか？」とあった。

さっそくボディソープを作っている業界団体の日本化粧品連絡工業会、購入する側の日本ホテル協会と日本旅館協会、そして規格を作成・統括する日本包装技術協会、日本規格協会、日本工業標準調査会の人たちに集まってもらい、話し合いの場をもった。結果はすぐに出た。ボディソープ容器用に、触って識別できる識別記号を決め推進しようというものである。

視覚障害者の触覚識別の研究を長く行っている早稲田大学人間科学学術院の藤本浩志研究室、国立特別支援教育総合研究所に協力を求め、複数の案を作成してもらって日本盲人会連合、日本点字図書館に勤務する視覚に障害のある職員たちに意見を聞いた。そして、凸の線を一本、ボディソープ容器の側面と上部に付ける案に決めた。この案は、二〇一四年五月に発行された改正版のＪＩＳに掲載された。そして、二〇一五年二月にこのＪＩＳに掲載された通りのボディソープの第一号が、発売されたのである。

プリペイドカード

目の不自由な人たちへの不便さ調査で明らかになったモノのひとつに「プリペイドカード」が

あった。現在のように携帯電話、スマートフォンはなく、通信の主な手段は街のあちこちに設置されている公衆電話であった。電話をする時は、コインを入れるか、テレフォンカードを機械に挿入しなければならないが、カードを挿入する向きが手で触っても分からない。

NTTはその声を受けてすぐに、解決策を出した。カードの短辺右下に半円の切り欠きを付けたのである。切り欠きを左手前にして、公衆電話に挿入するのが正しい向きになる。しかし調査で明らかになった不便さは、交通関連、買い物関連など、テレフォンカード以外のプリペイドカードにも、同じ半円の切り欠きが付くようになってしまったための不便さである。テレフォンカードだと思って交通関係のカードを公衆電話に差し込んでしまったり、テレフォンカードを、自動改札に入れてしまったりなどである。そうなってしまったのは、その切り欠きがテレフォンカード用であることが、他のプリペイドカードのメーカーに認識されていなかったために起こったことである。

E&Cプロジェクトでは検討を進め、プリペイドカードを、電話、交通、買い物、その他の四種類に分け、それぞれで切り欠きの形を変えるという解決案を出した。一〇〇種類以上の試作品を作り、電話はもともとの半円、交通系のカードは三角の切り欠き、買い物系は四角、その他は切り欠きなしという案で、何人もの目の不自由な人に確認をしてもらい、これなら触覚で識別できるという案にたどりついた(次頁の図8)。

しかし、このカード識別の提案は、シャンプー容器などと違い、それを提案すべき企業や団体の数が多すぎるという壁にぶつかった。その頃、通商産業省(現・経済産業省)に勤務するメンバ

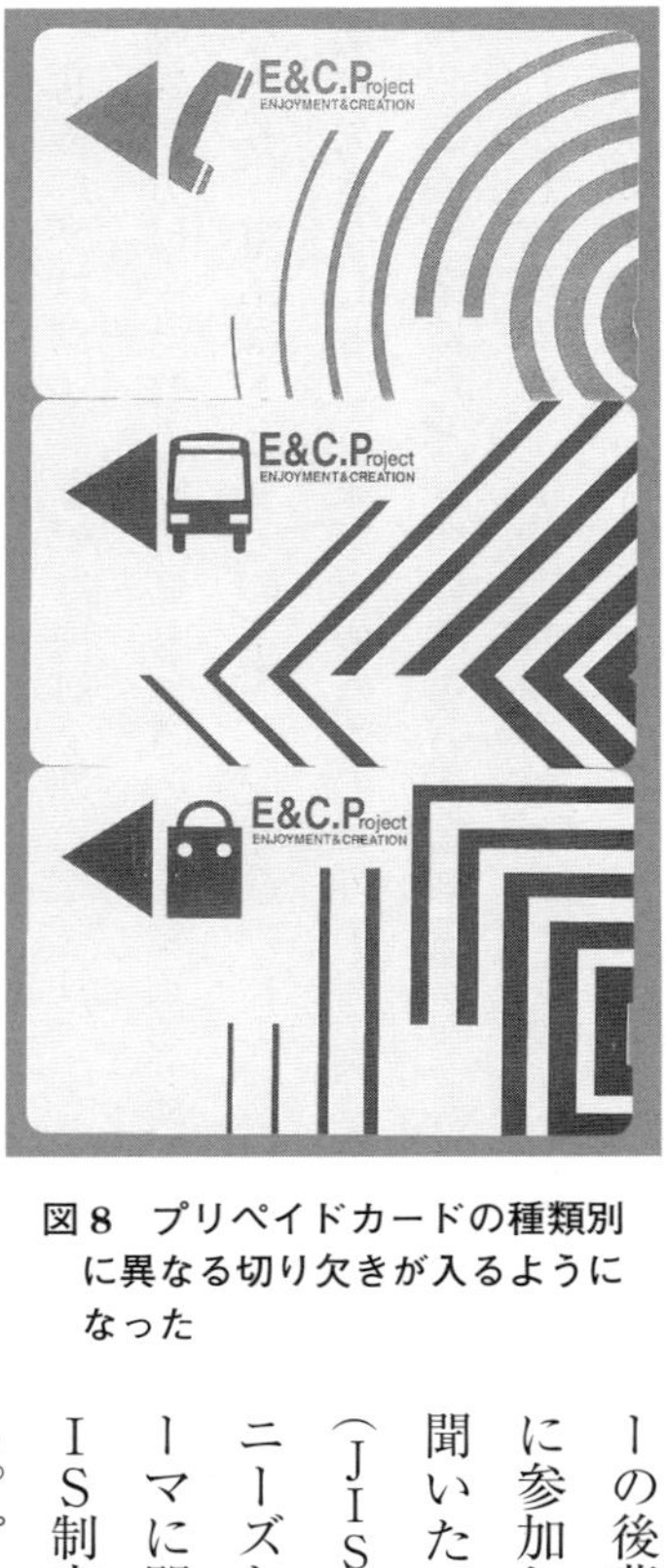

図８　プリペイドカードの種類別に異なる切り欠きが入るようになった

ーの後藤芳一さんがプロジェクトに参加していたので、彼に意見を聞いた。すると、「日本工業規格（ＪＩＳ）にするといいのでは？　ニーズと裏付けがあれば、そのテーマに関係する委員会を通じてＪＩＳ制定の提案をすることができる。プリペイドカードの触覚識別のテーマは、ＪＩＳにすることが可能だと思う」というアドバイスをもらった。ＪＩＳは、公的機関が作って、民間はそれに従うだけと思っていたメンバーにとっては、驚きとともに、大きな壁を越えることができると確信した一言であった。

　さっそく日本規格協会に相談し、該当する委員会に、Ｅ＆Ｃプロジェクトから全盲の木塚さんとプリペイドカード班のリーダーが参加し、一年あまりで「プリペイドカード」という名称のＪＩＳ制定に至った。

プロジェクトの法人化

　少数意見を放置せず課題を明らかにし、明らかになった課題は放っておかず、解決するまでさまざまな手段を講じ、決してあきらめない。明文化していたわけではないが、Ｅ＆Ｃプロジェクトのメンバーは、立場は異なりながらも同じ方向を向いて進んでいった。プロジェクトのことが知られるようになるにつれ、さまざまな機関からの仕事の依頼が後をたたない状況になった。仕事を他に持っているメンバーが土日と平日の夜のみで行うには、とてもさばききれない量になってきた。

不便さ調査は、聴覚障害、弱視、妊産婦、車椅子使用者、知的障害、高齢者へと広がり、それぞれに合わせた共用品が作られるようになった。開発された製品は、それを対象としている人たちに対し、的確に情報を届けることも必要である。共用品の展示会を各地で行い、ガイドラインや規格を率先して作るなど、プロジェクトを発足させた当初、自ら望んでいたことが現実になってきたのである。しかし、法人格のないプロジェクトでは、銀行口座一つ作るにも多くの書類が必要で、時間を費やすことになる。

誤解を招く言い方かもしれないが、温泉旅館で、浴衣とスリッパで「ピンポン」を楽しんでいたのが、E&Cプロジェクトだったように思う。しかし、共用品という名称の「ピンポン」は、徐々に社会に知られ始め、E&Cプロジェクトが打った球を、浴衣とスリッパではなく、ユニフォームとスポーツシューズを身に付けた人たちが、打ち返してくれるようになったのである。返球される球の速さは日に日にスピードと量を増し、浴衣とスリッパでは受け止めることが困難になり、スリッパと浴衣をシューズとスポーツウェアに替えることを決断したのである。

そうやって、一九九九年四月、市民団体であるE&Cプロジェクトは発展的に解散し、「財団法人　共用品推進機構」として新たに出発することになった。

第3章　便利さのルールを広げる

柏餅の葉の表裏

世の中には多くの人に知られている発明や工夫が存在する反面、知られないでいる素晴らしい発明や工夫もある。後者のひとつが、柏餅《かしわもち》の葉の巻き方だ。江戸時代、日本人は「柏餅」という形で、後世の「共用品」の先駆けとなる工夫を世に送り出した。それは、柏餅を柏の葉の表側で包むか裏側で包むかの違いによって、「味噌あん」「粒あん」の区別を、柏餅職人をはじめ、柏餅流通業者と柏餅を食するすべての人に分かるようにしたのである。この工夫は、葉の表と裏の手触りが違うため、目の不自由な人にも二種類の柏餅を識別できるという利点もあった。

しかし残念なことにこの工夫は、それを文書にして多くの人に伝えるという作業がどこかで中断されてしまったため、現在では、柏餅の①使い手（食べる人）、②作り手、③届け手の間でその知恵は共有できていない。

同じように、一九九四年から始まった、より多くの人に使いやすい工夫を組み込んだ製品（共用品）のルールは、誰もがその工夫の存在を知り、そして実践できるようにしておくことで初めて普及することになる。

共用品のルールを作る時に大切な一つの原則がある。それは、そのモノやサービスを作り提供する人たちだけでなく、それを利用する人と、その分野の研究者などが参加して、一緒にそのルールを作ることである。

二センチの段差の意味

二〇〇六年に施行されたバリアフリー新法は、公共の交通機関や施設が、障害のある人を含め、より多くの人に利用しやすいことを定めた法律である。その法律を実行するための(各種)ガイドラインも発行している。その一つ、「道路」に関するガイドラインには、歩道と横断歩道の段差は「二センチ」と定められている。

バリアフリーとは「障壁がない」という意味で、具体的にはさまざまな所にある「段差」をなくすという意味が含まれている。ではなぜガイドラインでは、歩道と横断歩道の段差は「二センチ」と決められているのか。車椅子使用者、歩行器使用者、ベビーカーを押している人にとっては、段差でなくスロープの方が望ましい。しかし、白杖を使用して、地面からの情報を得ている目の不自由な人にとっては、歩道と横断歩道の間に段差がないと、歩道を歩いているつもりが意図せず道路に出てしまい、命の危険にさらされる恐れがある。

車椅子使用者の安全も、目の不自由な人の安全も等しく重要であるが、「スロープにする」「段差を付ける」と互いに主張しあっていては、物事が進まない。そこで、車椅子使用者の団体と目の不自由な人たちの団体、そして道路を管轄する行政並びに研究機関が、会議と検証を行った結果として、「二センチ」の段差を設けるというルールが生まれた。二センチであれば、車椅子使用者でも乗り越え、降りることができる。そして、目の不自由な人たちが、白杖で歩道と横断歩道の境目を知ることができ、意図せず道路に出てしまう危険を回避することができる(図9)。

ルールというものは、自分たちと関係のない場所で決められていくと思っている人が多いかもしれないが、関係者が入らずに作られたルールは現実的でなかったり、使いづらいものであったりする場合が多い。それに対し、この二センチのルールのように、関係者の利害を調整しながら作られたルールは、現実的で、より多くの人たちの安全性、便利さに繋がっている。

図9　車道と歩道の間の2センチの段差は，車椅子使用者と白杖使用者との話し合いによって決められた

アクセシブルミーティング(**みんなの会議**)

二〇一四年、国際ルールの制定を行う国際標準化機構(ISO)では、日本から提案された「アクセシブルミーティング」の規格を、国際規格として発行した。元になった規格は、日本で二〇一〇年に発行された同名のJISである。

前章で紹介したように、E&Cプロジェクトでは、プリペイドカードの触覚識別のルールをJ

ＩＳにすることで公的なルールにし、多くの業界に広げることができた。なぜ、一市民団体の提案をＪＩＳにまですることができたのかを考えると、それはＥ＆Ｃプロジェクトが常に製品やサービスを利用する高齢者および障害当事者などと、それを作り提供する企業、業界、行政とで「みんなの会議」、つまり、アクセシブルミーティングを行いながら答えを出していったからではないかと思っている。

利用者の声を聞かずに製品やサービスを作ったために不具合が生じ、あとから莫大な費用をかけて修正するといった例は、過去には多く見られた。新たに製品やサービスを作る際、その対象者を幅広く想定し、企画段階でその人たちのニーズや身体特性を知ることができれば、「作ってしまってから使えない人がいることを知る失敗」の多くを回避することができる。

ではどうすれば、幅広い利用者のニーズや身体特性を知ることができるか。その一つの答えが「アクセシブルミーティング」である。

アクセシブルミーティングとは、その会議に参加する予定の人が、その人に分かるような形で、①会議の案内を受け取り、②会場にたどり着くことができ、③会議で使用される資料を読んだり見たりすることができ、④会議での発言者の話が理解でき、そして、⑤自分の意見を伝えることができる、という会議としては当たり前の形の会議のことである（次頁の図10）。しかし実際に行われている多くのミーティング（会議）では、障害のある人が参加しようとしても、上記の五つの要素のどれか、あるいはどれも充たされていない場合が多い。

目の不自由な人にとって、会議の案内や当日の資料が通常の印刷物やスクリーンに映写された

図 10　アクセシブルミーティングとは，さまざまな特性をもった人が参加できるように，配慮された会議のことである

モノでは、読むことが困難であり、また、会議中に他の参加者が名乗らずに発言をすると、誰が発言しているのかが分からない。さらに、発言者が、何かを指しながら「これは、〜です」、「それは、〜にあります」などと説明することがある。しかしこの「これ、それ、あれ」などの指示代名詞は、見えない人にとって分かりづらい場合が多い。

耳の不自由な人は、会議中のやりとりが手話通訳や文字表示で提供されなければ、話に参加することが困難である。車椅子使用者は、そもそも車椅子で会場までたどり着けるような経路になっているか、たどり着けたとしても、会議場のテーブルの下に膝が入るかなど、物理的な面で会議への参加が困難な場合がある。また、会議中に専門用語が多用されると分かりづらい人、長い時間の集中が困難で途中途中で休憩が必要な人なども想定される。

これらの困難は、インフラや設備機器、参加者や主催者の発言の仕方、通常の資料以外の代替的な様式（点字など）の組み合わせで解決できることが多い。それらを準備することで、より多くの人が参加できる会議が成り立っていく。

Ｅ＆Ｃプロジェクトでは、異なる障害のある人が会議に参加するたびに、どのようにしたらその人が会議の流れを把握し、自分の意見を言えるかを試行錯誤を繰り返しながら学んでいった。「ここに置きます」の代わりに、目の不自由な人には「二〇センチ前におきます」、「斜め右前に置きます」などと具体的に言う事で伝わること、耳の不自由な人の中には、話している人の口の形を読んでいる人がいるので、うつむいて喋ったりマイクで口が見えないようにしたりしないこと、などである。

Ｅ＆Ｃプロジェクトが共用品推進機構という公益財団法人になった今でも、「みんなの会議」の工夫は、思考錯誤を繰り返しながら継続しており、さまざまなモノやコトを生み出している。その大きな成果がＪＩＳであり国際規格づくりである。

日本発の共用品、世界ルールへ

先述したように、Ｅ＆Ｃプロジェクトで考案したプリペイドカードに関する工夫をＪＩＳにしたことで、その工夫をさまざまな業界や企業に一気に広めることができた。ここで、共用品の標準規格化との関わりについて、整理して述べておきたい。

ＪＩＳ(日本工業規格)は、製品の品質向上、安全性の確保、混乱を回避するため、単位(メートル、グラム等)の標準化などを目的に一九四九年にできた制度で、現在約一万種類のＪＩＳが制定されている。ＪＩＳの制定・廃止などの統括事業を担っている日本工業標準調査会(ＪＩＳＣ)が日本の代表として参加しているのが、国際標準化機構(ＩＳＯ)と国際電気標準会議(ＩＥＣ)である。ＩＥＣは電気に関する国際規格を統括し、ＩＳＯは電気以外全般の国際規格の制定、廃止などを統括している。そのＩＳＯに、消費者政策委員会(ＣＯＰＯＬＣＯ)が設置されたのは一九七八年、消費者のニーズに合う規格を作ることが目的だった。

一九九七年にＪＩＳＣは、日本で普及が始まった障害者、高齢者のニーズを反映させた製品・サービスのルールを国内だけでなく、国際的にも広げていくことを目的に、規格の国際的ガイドを作ることをＣＯＰＯＬＣＯに提案した。ガイドとは、ＩＳＯが規格を作る時の参考書として位置付けているものである。このガイド作りに共用品推進機構は、それまでに蓄積した知識と経験を総動員して関わった。ＩＳＯではそれまでに七〇種類のガイドが作られており、日本が提案した「高齢者及び障害のある人たちへの配慮」は、七一番目のガイドとなった。なお、このガイドは二〇一四年に改訂版が発行され、さらに広く利用されることが期待されている。

国内では、それぞれの規格を作るにあたって、製造メーカー、利用者団体、そして中立者として研究機関などがほぼ同比率で集まり、実証実験も行いながら制定作業を行っている。その中から、国際標準化されるべきだと判断された規格を、ＪＩＳＣからＩＳＯに提案し、加盟国の過半数の賛成を得ると、専用の委員会が作られ(基本的には五カ国以上で組織)、規格の国際標準化に向けた作業が開始される。そのようにして、日本の共用品のルールは一九九八年に日本からＩＳＯに提案され、二〇〇一年に制定された。「はじめに」で書いたように、共用品は「アクセシブルデザイン」と英訳されて世界の標準規格となった。日本でも二〇〇三年にＩＳＯのガイドがＪＩＳ化され、本格的にアクセシブルデザインの規格づくりが開始された。

代替様式

二〇〇一年に制定された、ＩＳＯの「高齢者及び障害のある人に配慮するためのガイド」には、それまで日本ではなじみのなかった「Alternative format」という単語が頻繁に登場する。ＪＩＳではそれを「代替様式」と訳している。

家電製品などには、開始、終了、注意などを「ピーー」「ピピー」「ピッ、ピッ、ピッ、ピッ」など音のパターンで知らせるものが多くある。少し離れたところからでも聞こえる便利な「お知らせ」であるが、耳が不自由な人や高齢で耳が遠くなっている人にとっては、その便利さを共有することが困難である。そこで「代替様式」が登場することになる。そこでは、音に加えて「光」や「振動」によって、耳が不自由な人にも、開始、アラーム、終了などを知らせることができる。

電子体温計にも、代替様式がついているものがある。体温測定が終了した時に、通常の「ピピー」という音とともに、体温計が振動する仕組みになっているタイプのものである(次頁の図11)。

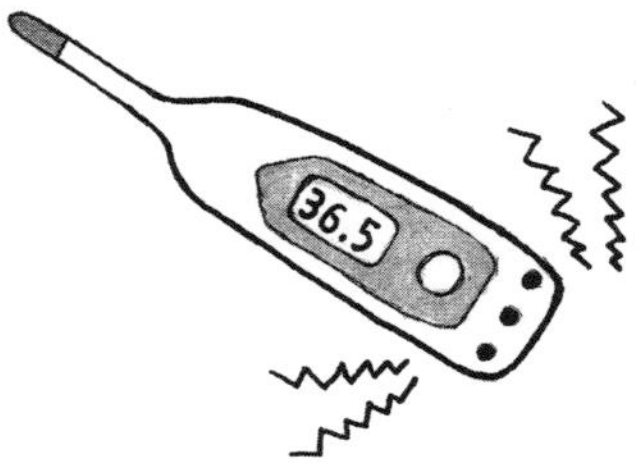

図 11　測定が終わると振動で伝える電子体温計

携帯電話やスマートフォンのマナーモードの普及で、機器が振動する仕掛けは広く知られているが、携帯電話やスマートフォンが普及する以前から、耳の不自由な人のための体温計や腕時計や目覚まし時計にこの振動は使用されていたのである。

ほかの代替様式が付いた電子体温計もある。目の不自由な人は、測定終了の報知音を聞くことはできるが、文字で表示された体温を見てとることが難しい。そのため、文字表示に加えて音声で体温を知らせる体温計もある。この場合の代替様式は、「音声」ということになる。「はじめに」で紹介した「シャンプー容器のギザギザ」、「牛乳パック上部の半円の切り欠き」、「ジャム、ソース、ケチャップ容器の点字」なども、平面に印刷された文字を読むことが困難な人のための代替様式である。

テレビにも代替様式の付いているものがある。字幕と音声解説である。テレビ局側で番組に字幕や音声解説を付けていれば、テレビがそれらを表示・再生できるというものである。これは、テレビだけでなく、劇場映画やＤＶＤでもバリアフリー映画として普及が進んでいる。

生放送や、講演会、シンポジウムのようにリアルタイムで流れているものに音声ガイドを付けるのには高度な技術が必要とされる。それを代替する一つの有効な方法は、アナウンサー、講演者、シンポジストがはじめから、目や耳の不自由な人が聴衆の中にいることを想定して話すことである。前述のように「これ、それ、あれ、どれ」などの代名詞を極力使わず、見えない人でもわかるように話す、ということである。最近の講演会では、画面に大きく資料を映して、「この画面にありますように」と説明されることが多いが、少し言葉を足して、何が画面に映し出されているかを説明しながら話をするようにすれば、目が不自由な人にも、話の流れを理解してもらうことができる。

操作に関する代替様式

表示とともに製品で重要な要素が「操作」である。機器のスイッチやボタンを押す、回す、スライドさせるなどして、ＯＮ－ＯＦＦ、ボリューム、方向などを操作するのが一般的である。しかし、手が不自由だったり、両手がふさがっていたりすると、手による操作が困難になる。その際の代替様式としては、音声による入力などが考えられる。音声認識の技術も向上してきたこともあり、スマートフォン、タブレットなどでは、音声入力による操作も一般的になりつつある。福祉用具では瞬《まばた》きや視線によって操作ができる機器も開発されており、今後需要が広がればコストも下がり共用品化していくかもしれない。

両手ではなく、片手がふさがっていたり、怪我や障害で片手が使えなかったり、不自由だったりする場合がある。また、加齢により力が弱くなって片手だけでの操作であればできるといったこともあり、「片手で操作ができるかどうか」は重要な視点である。

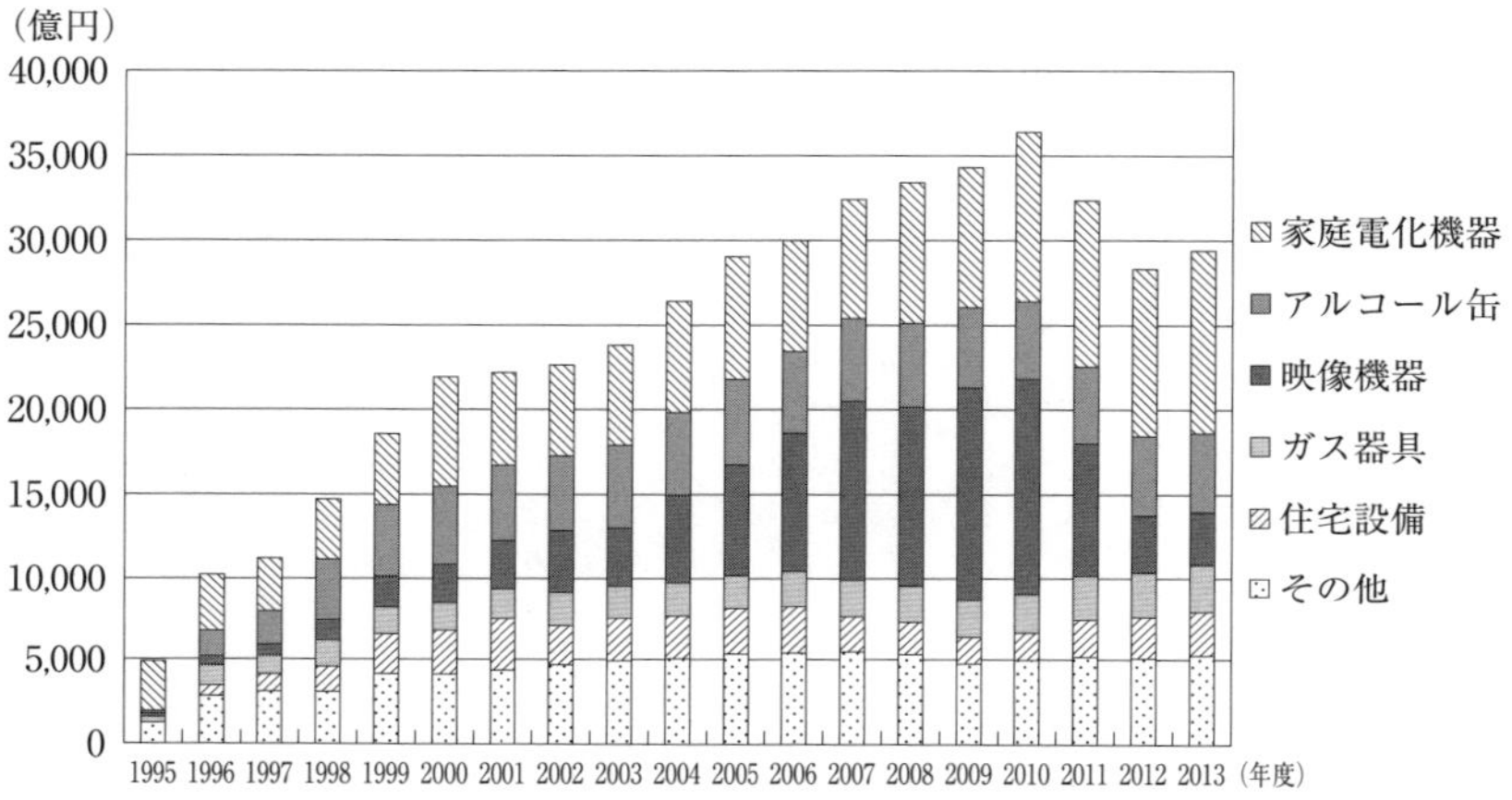

図12　1995〜2013年度の共用品市場規模(金額)の推移．共用品の市場規模は2007年度には3兆円を超えるに至っている．「その他」の項目には，温水洗浄便座，エレベータ，低床バス，情報・通信機器などが含まれる．
出典：共用品推進機構ホームページをもとに改変

規格を応用して、誰が使いやすいかを伝える

先に述べたように、二〇〇一年にＩＳＯで発行したガイド「高齢者及び障害のある人々のニーズに対応した規格作成配慮設計指針」は、二〇〇三年にＪＩＳ化され、その後日本で同分野の規格が作られるのを大きく後押しすることになった。それを裏付けるように、一九九五年度から調査し始めた共用品の市場規模は、調査当初、四八〇〇億円だったが、二〇〇〇年度には二兆円を超える規模になり、さらに二〇〇七年度には三兆円を超えるに至っている(図12)。

二〇一五年五月現在、この分野のＪＩＳ規格は三七種類となり、表示に関する規格、操作性に関する規格、包装容器に関する規格、などに分類されている。規格を作成する目的は、メーカーやサービス提供者が、高齢者及び障害のある人たちが使いやすい製品を、ゼ

ロから研究して作り出さなくても、アクセシブルミーティングを重ねて合意された「工夫点」を、誰でも容易に知ることができ、それを自社製品に無理なく反映できる仕組みを作ることである。超高齢社会に突入した日本をはじめ多くの国の目標は、多くの「工夫」の結果として、障害の有無や年齢に関わりなく、社会が住みやすくなることである。

そのためのもう一つの課題は、これらの規格を使って開発された製品やサービスの存在を、その対象者に知ってもらうことである。アクセシブルデザイン、ユニバーサルデザインといったマークを付けたとしても、それは、「人に優しい」といったアナウンスにはなるが、誰にどのように使いやすいかが分からない。

そのため、今まで作られてきた高齢者・障害者配慮設計指針シリーズの規格を利用し、誰にどのように使いやすい製品・サービスがあるかが分かるような仕組みを考えることが必要であり、現在はその準備にとりかかっているところである。さらに、その制度を国際的に広げて、アクセシブルデザインの製品が輸出入されても、使用者側の利便性が確保できていくことが重要だと考えている。

アクセシブルサービス（共用サービス）

障害のある子どもたちのための玩具開発を行っていた時にも感じたように、すべての人にとって使いやすい製品は理想であるが不可能に近い。「すべての人にとって使いやすい」という理想に少しでも近づけるには、どのようなことが必要だろうか。その回答の一つが、ハード（モノ）としてのアクセシブルデザインだけではなく、ソフトとしてのアクセシブルデザイン、つまり共用サービスによる補完である。

ソフトとしてのアクセシブルデザインとは、ハードとしての製品以外の部分を指す。製品の取り扱いマニュアルを例に挙げると、印刷された文字や写真、イラストによるマニュアルは、目の不自由な人には読むことが困難である。それに対応するためには、説明文を電子データにすれば、データを点字に変換したり、音声で読み上げることができるようになる。図や写真の部分は、音声ガイドで別途説明する。各種カタログも同様である。テレビでのコマーシャルなども、目の不自由な人には、副音声の音声ガイドで説明されなければ理解することが困難である。耳の不自由な人のためには、この一、二年の間にテレビ・コマーシャルに字幕を表示することが検討され、徐々にではあるが、実施されはじめている。

しかし、メーカーがアクセシブルデザインの製品(共用品)を作り、それが商店に並んでいるにもかかわらず、お店の人が障害のある人との接し方が分からず、せっかくの共用品がそれを必要としている人の手に渡らないことも過去にはあったのではないか、と想像する。核家族の家庭が多く、また学校でも障害のあるクラスメイトがいるケースが少ないため、社会人になるまで、もしくは社会人になっても、高齢者や障害のある人と接する機会がない人も多い。

埼玉県の新所沢駅東口にある商店街でも、四〇年前までは、障害のある人を見かけることはほとんどなかった。それが、日本で最大規模の国立障害者リハビリテーションセンターができて、商店街の様相は一変した。六〇軒ほどの商店街のすべての店の出入り口は、車椅子使用者のために段差が解消されているだけでなく、店の中の通路も、車椅子使用者が通れる幅が確保されている。店によっては棚を低くしているところもある。すべての店、と書いたが、薬局のように品物が多く、店の中に車椅子用の通路の幅をとれない店では、車椅子使用者が店頭にくると、店の人が店の外に出てきて注文を聞き、店の中から品物をとってくるというシステムになっている。蕎麦屋では、写真付きメニューなどなかった時代から、メニューに写真を付けている。それは、耳の不自由な人に「うどん定食」を説明するのが難しかったのがきっかけだという。これは意図せずして、外国の人にも喜ばれたという。

先日、何十年かぶりにこの商店街を訪れてみた。見た目には何も変わっていないが、障害のある人たちとのコミュニケーションは、以前にもまして自然になっているように見受けられた。アクセシブルデザインは、何も特別なことではなく、誰もが自然にその空間に溶け込めるということなのでは、と思った次第である。

愛・地球博のバリアフリーサービスからの発展

二〇〇五年に半年間、愛知の長久手《ながくて》および瀬戸で行われた国際博覧会「愛・地球博」では、国内外から多くの来場者があり成功裏に終了した。この万博で、それまでになかったのが、日本政府館におけるバリアフリーの応対マニュアルと事前研修である。

日本政府館は、長久手と瀬戸に一館ずつあり、それぞれ趣向をこらしたプログラムが計画されていた。日本館の図面が出来つつあるとき、共用品推進機構は、運営チームから相談を受けた。

三〇〇人近いスタッフの中には、障害のある人たちと接したことがない人もいる。対応に戸惑わないために、それぞれの持ち場でどのような応対をすればよいかを予想し、スタッフに事前研修を実施してもらえないか、という依頼であった。

ＪＩＳ及びＩＳＯの規格づくりを共同で行ってきた障害当事者の諸団体とともに、一年間かけて「アクセシブルミーティング」を繰り返し、施設の図面と照らし合わせながら、ハード面の課題を、ソフト、つまり人的応対でどのように補完するかを詰めていった。検討結果は、応対のガイドラインとなり、事前研修の教科書ともなった。六カ月の博覧会期間中にもいくつか課題が持ち上がったが、当事者団体との連携で一つ一つ解決していった。その経験は、その後行われたサラゴサ万博（スペイン）、上海万博（中国）、麗水《ヨス》万博（韓国）、そして二〇一五年五月からのミラノ万博（イタリア）にも引き継がれて、ハードとソフトの連携で誰もが安全で楽しめる日本館のノウハウはさらに進化を続けている。

スーパー、コンビニと専門店

共用品は「不便さ」を解消し、住みやすい社会を作ることを目的としているが、「便利さ」には、二つの種類があると感じている。その違いを象徴的に示しているのがスーパー、コンビニと専門店である。

日用品から日々の食料品（最近は生鮮食料品を売るコンビニも増えている）まで、スーパーやコンビニは、まさしく私たちの日常を支える存在である。何でも売っている昔の万屋《よろずや》さんがシステム化されたのが、スーパーやコンビニだと言えるかもしれない。共用品推進機構が障害当事者に行った調査でも、スーパーやコンビニの便利さを指摘する声が多数あった。

何でもあって便利なスーパーやコンビニだが、その代わりに一品目あたりの製品の種類が限られてしまうのは仕方がない。それと対照的なのが、家電、文具、玩具、眼鏡店など、限られた品を売る専門店と言われる店である。扱っている商品の分野は限られているが、その分野の中で数多くの種類の品が並んでいる。さまざまなニーズを持つ顧客にきめ細かく応える専門店は、共用品の考え方に通じるものがある。街を歩いていると今でもユニークな専門店を見つけることがあるが、以下に、そんな専門店を二軒紹介しよう。

専門店①——傘の専門店

東京・自由が丘の傘専門店「クールマジックシューズ」は、洋傘の専門メーカーである株式会社シューズセレクションが二〇一四年にオープンした店である。シューズセレクション社長の林秀信さんが開発した傘の種類は五〇〇点にもおよぶが、それらを紹介するために開かれたのが「クールマジックシューズ」である。林さんが考案し、ヒットしている傘のなかには、共用品的工夫があるものがたくさんある。

肩にかけた大型のバッグが雨の日に濡れてしまう不便さを解消するために、林さんは傘の軸を中心からずらした傘を開発した。つまり、傘の一方の側が反対側よりも広い傘である。それにより、バッグを覆う傘の面積が大きくなり、濡れるのを防ぐことができるようになった(図13)。この工夫は、抱っこやおんぶをしている赤ちゃんや、介護や誘導する人を雨から守ることにもつながった。

片手で開閉できる傘も開発した。ボタンを押すと開き、もう一度押すと途中まで閉じる折り畳み式の傘を利用したことがある人はいるだろう。ここまでは片手が不自由な人にも便利だが、今までの傘は、最後に傘を閉じる時には両手を使わなくてはならなかった。林さんの開発した傘は、傘を床などに押しつけることにより、その最後の動作まで片手で行うことができる。

図 13　軸が中心からずれている傘．左手で傘を持っていても，右肩のバッグが濡れないように工夫されている

林さんの頭の中には、まだたくさんのアイディアがあるそうだ。万年筆くらいの大きさにまで折り畳める傘、畳まなくていい折りたたみ傘などなど。林さんの店に来るお客さんの中には高齢者や障害のある人も多く、それぞれのニーズにあった傘を店員さんと相談しながら探している。笑顔で店を出て行くお客さんの顔を見ると、「不便さ」が解消される喜びと解放感を感じることができる。

専門店②——歯ブラシ・オーラルケア製品専門店

東京・銀座の歯ブラシ・オーラルケア製品専門店「メガデント」。中に入ると色とりどりのパッケージや商品がところ狭しと並んでいる。メガデント社はドイツ人企業家が一九九七年に創業した会社で、そのきっかけは、お子さんが口腔内の病気に罹ったことだそうだ。当時オーラルケア製品の正しい選び方を教えてくれるところがなく、自ら困った経験から、同じ思いを他の人にさせたくないと考え、デュッセルドルフに第一号店を開いたという。メガデントは、ドイツの「オーラルケア・スペシャリスト」認定を受けており、現在はヨーロッパ中心に九店舗を展開している。銀座店は二〇〇九年にオープンした。

銀座店店長の酒向《さこう》淳さんに「上肢や指先の力が弱い人にはどんな歯ブラシがお勧めですか」と尋ねた。「まず柄が太くなっているものの中から、その人の手の甲の幅を目安にして適したサイズを選びます。さらに力が弱い人には電動歯ブラシをお勧めしています。もともと電動歯ブラシは、肢体不自由の人のために開発されたのですよ」。これは初耳だった。

日本では二〇一〇年四月にパナソニック社が電池式で安価な電動歯ブラシを発売した。その三カ月後には五〇万本、半年で一〇〇万本、九カ月で一五〇万本と、一年でそれまでの電動歯ブラシの市場規模を二倍に拡大した。

この電動歯ブラシ、実はアメリカのオプティバ社が、一九九〇年代に肢体不自由の人を対象に開発したのが始まりだという。これを一般用に改良して販売したところ、富裕層に人気となり、日本人もハワイのお土産として購入するようになった。その後、フィリップス社が同社から毛先を五ミリ左右に振る特許ごと買い取り、今に至っている。ブラウン社が異なる振動方法による特許を取得し、ほぼこの二社で電動歯ブラシのシェアを独占していたところに、パナソニック社が軸を中心に8の字を描きながら電池で動く小型の美容家電タイプを日本で発売したところ、大ヒットにつながった。このヒットは結果として歯の美容だけでなく、健康にも大きく貢献していると酒向さんは話してくれた。

厚生労働省は、八〇歳になっても二〇本以上は自分の歯を保とうという「八〇二〇運動」を展開している。世界保健機関（WHO）の「世界口腔情報データ」によると、八〇歳で一番歯が多く残っている国はスウェーデンの二六本。これに対して日本は一四本で、一二本もの差がある。しかし近年、日本でもオーラルケアの重要性が見直されており、二〇〇五年に二四・一％だった八〇二〇達成率は、二〇一一年のデータでは三八・三％にまで改善されている。

メガデント社創業のきっかけは、「不便さ」とともに、その不便さの解消を多くの人と分かち合いたいという発想だった。共用品の考え方に共通するところが多い。

第4章　輪を重ね、大きくする

一緒に歩く目的

障害の有無や年齢に関わりなく、使いやすい製品やサービス（共用品・共用サービス）を普及させるために、さまざまな事業を三十数年行ってきているが、三十数年前と比べて、それらのモノやサービスは本当に増え、使いやすくなっているのか。そして、高齢者及び障害のある人を含めたより多くの人たちにとって、生活はしやすくなっているのか。それを確認するため、電動車椅子使用者の高橋秀子さんと一緒に街を歩いてみることにした。

その話をする前に、一〇年前に高橋さんから聞いた話を紹介しよう。札幌で、インテリア商品の開発・販売を自営していた高橋さんが、その後の障害につながった「慢性関節リウマチ」に襲われたのは一九八〇年代だった。そのもとになったのは、六〇年代にかかった膠原病《こうげん》。スピードスケートで札幌冬季オリンピック出場を目指していた時だった。風を感じることが好きで続けてきたスケートを病気のために諦めた。

関節リウマチを宣告されてから、同じ病気の友人宅に行って驚いた。立派なマンションであるにもかかわらず、友人の病にとってはバリアだらけのトイレ、風呂、台所。「この部屋を、友人にとって使いやすいものにしたい！」という強い思いが湧き上がった。しかし、高橋さんを襲ったリウマチは、痛みとともに手首の自由を奪い、腕が肩より上に上がらなくなり、膝が曲がらず歩行が困難になった。松葉杖を使い始めたが、症状は容赦なく進み、冬が長く雪が深い北海道では、文字通り一歩も戸外に出ることができなくなった。

一念発起した高橋さんは、「作ることへの情熱」を実現するため、また、やがておとずれる車椅子での生活にも対応できるように移住を決め、埼玉にある国立障害者リハビリテーションセンターで、設計の勉強を開始した。その後、すでに四〇代になっていたにもかかわらず、大手住宅設備メーカーへの入社がかなった。中途障害の彼女は、障害のあるなし、どちら側の気持ちも分かる。顧客へのアドバイスが的確で、すぐに会社になくてはならない人材となった。

そんな高橋さんがある時、こんな話をしてくれた。

「いつだったか、新宿の百貨店で買い物をして出口に向かうと、店の外がすごく混雑していて、前を歩いていた女性が私の車椅子に、あたってしまったの。こちらが謝る間もなく、その方は大声で私を責め始めた。

「何で、車椅子の人がこんなに混雑した所に来るの！　人の迷惑を考えないの！」

五分くらい怒鳴られ続けていたんだけど、突然二人の若い女性が、こちらに向かって走ってきたの。

「待たせちゃって、ごめんね！」

私に怒鳴っている女性の知り合いかと思ったら、私に向かって言ったの。「待たせちゃって、ごめんね！」って。

それから、彼女たちは女性に向かって、「私たちが遅れたので迷惑かけてすみません！」と謝った。怒りの持って行き場を失ったその女性は、「今度から、気を付けなさいよ」と、その場を逃げるように去っていった。二人は私の知り合いを装い、人垣がなくなると「じゃ！」って、去って行った。その時、「東京に出てきて良かった」って思ったの」。

その話を聞いてから一二年後の、とある土曜日。電動車椅子使用歴二〇年の高橋さんと、東京の下町を散策することにした。

地下鉄大江戸線の都庁前駅で待ち合わせ、エレベーターでホームへ。彼女に誘導されるままに、車椅子マーク（国際シンボルマーク）のあるホームドアの前で電車を待った。「このマークのあるドアの前は、他の乗車口と違い、電車のドアに向かってゆるやかに上向きのスロープになっているの」と、彼女に教えてもらった（図14）。駅員さんに簡易スロープを持ってきてもらうことなしに、難なく大江戸線に乗車。両国駅で下車し、地図も持たずに住宅地を進むと、朝稽古を終えた相撲部屋の力士たちが部屋の外で休憩している場面に出会っ

図 14　大江戸線や三田線の車椅子マークのついたホームドアの前は，駅員さんの補助なしに車椅子で電車に乗降できるよう，上向きのスロープになっている

た。車椅子使用者に対する違和感を全く持たない力士たちとの記念撮影となった。

その足で、東京江戸博物館に向かい、特別展を見学。券売り場でも入り口でも、係員は、電動車椅子に戸惑うことなく、応対してくれた。会場内もスムーズに見学。続いて水上バスにトライ。券売り場の人からリフト付きの船なら乗船が可能だと説明される。リフトを使用しスムーズに乗船、浅草に向かった。

浅草では、二階建てバスに乗ろうと試みたが、二階には車椅子では乗れないことが分かって諦め、コミュニティバスに乗車。運転手さんが慣れた手つきで、折り畳み式スロープを広げ高橋さんの乗降を補助、乗っていた人たちも、彼女が入るスペースをすっとあけてくれた。

バスで三ノ輪まで行き、都電（路面電車）に乗り換えた。都電でも電動車椅子使用者の乗降にまったく問題なく、スムーズに新庚申塚《しんこうしんづか》停留所で下車。そこから、都営三田線西巣鴨より春日へ行き、大江戸線に乗り換え都庁前に戻った。

「一〇年前と比べて、格段に移動しやすくなったわね」と高橋さん。

障害のある人たちが交通機関を利用し、街に出て施設を利用する上で、設備や機器が、一〇年前にくらべて大きな進化をとげていることが、一緒に歩いて初めて深く実感できた。それはこの一〇年、障害のある人たちが、自分たちの要望を関係者に適切に伝え、夢を語り、それを機器や設備を提供・整備する側がしっかり受け止めたことの積み重ねだと思った。障害のある人たちが街に出ることによって多くの人がそれをごく自然のこととして捉えはじめている。今は、その次の課題に向かう段階である。

「二階建てバスの二階に乗ると、風を感じられるかしら?」

散策の途中で高橋さんが、ポツリと言った言葉が、使う側と作る側の次の共通の目標になるのでは、と思う。ここで二階建てバスの二階とは、「不便さ解決」の次の段階の「快適さ」を意味する。

つまり、日本では今、さまざまな場面で二階建てバスの一階部分には、障害のある人たちは乗りこめるようになっている。法律やガイドラインでいうところの「しなければならない」ラインが、一階部分である。けれど、「二階建てバスに乗れるようにしなければならない(＝とりあえず一階に乗れればよい)」という規定では、それをクリアするだけで十分だという意識になってしまい、その先の、「二階建てバスの二階にも乗れる」へと歩を進めることにはつながらない。それを実現するためには、「二階建てバスの二階にも乗れることが望ましい」を、「二階建てバスの二階にも乗れるようにしなければならない」へとガイドラインなどの文書を変える必要がある。それを変えるためには、一二年前、新宿で高橋さんに声をかけた二人組の女性の心に自然になれることが、必要要素かもしれない。はたして一〇年後、高橋さんは二階建てバスの二階で、スケート選手だった頃のように、風を感じることができているだろうか。

二階建てバスの二階に乗るためには

高橋さんを含め、誰もが二階建てバスの二階に乗れるようになるためには、何が必要か。共用品推進機構では、一九九三年から障害別及び高齢者に関する不便さ調査を行っている。視覚障害、聴覚障害、弱視、車椅子使用者、高齢者、知的障害、子ども、妊産婦などを対象に、それぞれ三〇〇名以上の人たちへのアンケート調査を順次行ってきた。その結果、製品やサービスに感じる不便さを、関連企業や業界に受け止めてもらうことができ、不便さが解決された製品・サービスが多く創出された。

各企業や業界団体で行ってきた工夫は、政府機関である日本工業標準調査会のバックアップも大きく、関連する高齢者・障害者配慮設計指針のシリーズは既に、三七種類作られ、日本発の国際規格ともなり、工夫された製品が創出されやすい環境になってきている。それも、元は「不便さ調査」からであった。

しかし、「不便さ調査」は文字通り、今まで不便だったモノやコトを明らかにすることであり、言わばマイナスだったところを、ゼロに戻すきっかけを示す役割であった。また、これまでの調査は、個々の障害ごとに行っていたため、相反する意見はほとんど出ることがなかった。そのため、製品やサービスを提供する側は、異なる障害から出される異なるニーズを、時間差で聞くことになり、広い視野にたった工夫を行うことが困難な状況もあった。そのため、これらの課題を解決するために、共用品推進機構が新しく取り組んでいるのは、不便さではなく、良かったことを知る、「良かったこと調査」である。二〇一三年度は「旅行」をテーマにし、一つの障害だけではなくさまざまな障害当事者団体と、さらに高齢当事者にも参加してもらい、調査を行った。

その結果、当初のねらい通り、マイナスをゼロにするだけでなく、ゼロからプラスにするためのヒントを数多く発見することができた。また、障害者だけでなく高齢者の声も聞いたことで、異なる角度の意見を聞くことができ、共通性を把握することができた。

改めて学んだのは、人はどのような状況で動機づけられるか、ということである。間違いを指摘されるとそれに対応した修正を行う。しかし、人は繰り返し間違いを指摘され続けると、間違いをしないことに関心が集中するようになり、新たな発明や解決方法を見つけるのは精神的にも困難になる。

不便さ調査で現状を把握し、指摘があったモノやコトについて、それぞれの関係機関の人々の叡智を結集して解決方法を導き出す。それを高齢者や障害のある人を含めた多くの人たちが使い、「良かった」と反応する。そのようなサイクルが自然で普通だと誰もが思える社会になれば、もはや、アクセシブルデザインの「アクセシブル」や共用品の「共用」という形容詞は必要なくなるだろう。

おわりに――「不便さ解決」のたすきをつなぐ

モノやサービスを新たに作ったり、改良したりする時に重要なことは、それを「実行する」と決心している人がいることである。無から有を生み出したり、現在の慣行を別のものに変えたりするには、大きなエネルギーが必要である。「そうなったらいいと思う」「そういうものを作るべきだと思う」という「サポーターたち」と、実際にそれを「実行する」と決心している人がいて、初めて力となる。もちろん、サポーターたちも、何かのきっかけで「実行する」人に変化する可能性がある。

その何かのきっかけとは、なによりも「知る」ことである。共用品・共用サービス（アクセシブルデザイン）の場合は、日常生活に何らかの不便を感じている人がいるのを知ることがはじまりだった。その次は、その不便さがどういうものかを具体的に知ることであり、最後は、どうしたらその不便さを解決できるかを知る、あるいは考えることである。そこに至って、「実行する」と決心する人たちが現れ、また、それが増えていくのである。

共用品・共用サービスに関する課題は、多岐に渡っている。不便さを知った人が一人で解決できるものから、世界中の人や機関が参加して解決しなければならないものまである。一人で解決できない課題は、リレー競技のように、たすきを渡していくことが必要である。そのたすきとは、煎じ詰めれば、「不便さを解決して、より多くの人にとって暮らしやすい社会を作る」という思いである。

では、そのたすきをどのように作り、次の人に渡していけばよいのだろうか。あるいは、どうすれば次の人がたすきを受け取ってくれるのだろうか。

ひとつには、現実と夢をより多くの人に伝えることである。現実とは、不便さであるが、それはさまざまな側面——例えば第3章で紹介した車椅子使用者にとっての段差の不便さと白杖使用者にとっての段差の不便さなど——からとらえられたものでなければならない。夢とは例えば、第4章で紹介した高橋さんの、「二階建てバスの二階に乗って風を感じたい」などである。その夢が当たり前になることを遠くに眺めつつ、それに向かって小さな目標を積み重ねていく。

「不便さ解決」のたすきには、解決に向けたさまざまなアイディアを縫い込んでいくことも必要だろう。ただし、技術面やコスト面であまりに現実離れした理想をたすきに縫い付けても、誰も受けとることはできない。現実離れした目標は、そこに到達できない歯がゆさや苛立ちをかき立てる危険性すらある。共用品には、自由な発想と同時にシビアな現実感覚も大切なのである。

もうひとつ大切なのが、不便さを感じている当事者たちの積極的な関与だと思う。それは、不便さを周囲に伝えることに止まらず、不便さ解決を担う人々の一員として、自ら意欲的に活動することである。

そのことに関連して印象的な例がある。公益社団法人「日本リウマチ友の会」は、一九八五年から五年ごとに『リウマチ白書』を発行しているが、白書発行にあたっては、リウマチ患者に日頃感じている不便さや要望をアンケートで聞くとともに、医療関係者・福祉従事者にもアンケートを行って、彼らがリウマチ患者に対して望むことを聞き、集計・分析している。『リウマチ白書』では、誰がどのような不便を感じていて、誰が何をしたらよいかが明確に示されていると同時に、リウマチ患者自身がリウマチの課題を解決する一員だということが、はっきりと表現されている。白書の記述はすべて、「私たちは」とリウマチ患者が主語になっているのである。このようなリウマチ患者たちの意志や活動にリードされて、多くの人が「リウマチ患者の不便さ解決」というたすきリレーに参加し、その結果、制度・医療・福祉・薬・自助具などの製品や各種サービスが大きく進化している。

「不便さを解決して、より多くの人にとって暮らしやすい社会を作る」というたすきリレーは一周では終わらない。製品やサービスを提供する側も、それを利用する側も、検証と試行錯誤を繰り返し、さらに便利になるのではないか、と考え続けることが大切だ。たすきをつなぐためには、日本玩具協会や日本包装技術協会のように、アクセシブルな製品に対する表彰制度を作るという仕組みも有効だろう。社会に生きるすべての人が、このたすきリレーへの参加を招かれている。なぜなら、より多くの人に住みやすい社会を作るのは、同じ社会に生きる私たち全員に与えられた責務だからである。

星川安之
1957年生まれ．公益社団法人共用品推進機構専務理事．

1980年に自由学園最高学部卒業，トミー工業株式会社(現・株式会社タカラトミー)入社．1999年，共用品推進機構設立．2002年度より日本点字図書館の，2010年度より日本規格協会の評議員．

共著に『バリアフリーの商品開発』(日本経済新聞社)，『より多くの人が使いやすいアクセシブルデザイン入門』(日本規格協会)，『共用品という思想』(岩波書店)など．

平成26年度工業標準化事業経済産業大臣賞受賞．


障害などのためにこの本をお読みになれない方に，本書のテキスト電子データをCD-Rにてお送りいたします．ご希望の方は，①本書後ろカバーのテキストデータ引換券(コピー不可)，②250円分の切手，を同封し，お送り先の郵便番号，ご住所，お名前を明記の上，下記までお申し込み下さい．
＊第三者への貸与，配信，ネット上での公開などは著作権法で禁止されておりますので，ご留意下さい．
＊データはテキストのみで，イラストや写真は含まれません．
＊データの提供は，本書の刊行から7年以内といたしますので，ご了承下さい．

〈宛て先〉
〒101-8002　東京都千代田区一ツ橋2-5-5　岩波書店
『アクセシブルデザインの発想』テキスト電子データ送付係

アクセシブルデザインの発想
——不便さから生まれる「便利製品」
岩波ブックレット 939

2015年11月5日　第1刷発行

著　者　星川安之《ほしかわやすゆき》
発行者　岡本　厚
発行所　株式会社 岩波書店
〒101-8002 東京都千代田区一ツ橋2-5-5
電話案内 03-5210-4000　販売部 03-5210-4111
ブックレット編集部 03-5210-4069
http://www.iwanami.co.jp/hensyu/booklet/

印刷・製本　法令印刷　装丁　副田高行　表紙イラスト　藤原ヒロコ
本文イラスト　星川のぶこ

ISBN 978-4-00-270939-0　Printed in Japan

読者の皆さまへ

岩波ブックレットは，タイトル文字や本の背の色で，ジャンルをわけています．

赤系＝子ども，教育など
青系＝医療，福祉，法律など
緑系＝戦争と平和，環境など
紫系＝生き方，エッセイなど
茶系＝政治，経済，歴史など

これからも岩波ブックレットは，時代のトピックを迅速に取り上げ，くわしく，わかりやすく，発信していきます．

◆岩波ブックレットのホームページ◆

岩波書店のホームページでは，岩波書店の在庫書目すべてが「書名」「著者名」などから検索できます．また，岩波ブックレットのホームページには，岩波ブックレットの既刊書目全点一覧のほか，編集部からの「お知らせ」や，旬の書目を紹介する「今の一冊」，「今月の新刊」「来月の新刊予定」など，盛りだくさんの情報を掲載しております．ぜひご覧ください．

▶岩波書店ホームページ　http://www.iwanami.co.jp/ ◀
▶岩波ブックレットホームページ　http://www.iwanami.co.jp/hensyu/booklet ◀

◆岩波ブックレットのご注文について◆

岩波書店の刊行物は注文制です．お求めの岩波ブックレットが小売書店の店頭にない場合は，書店窓口にてご注文ください．なお岩波書店に直接ご注文くださる場合は，岩波書店ホームページの「オンラインショップ」(小売書店でのお受け取りとご自宅宛発送がお選びいただけます)，または岩波書店〈ブックオーダー係〉をご利用ください．「オンラインショップ」，〈ブックオーダー係〉のいずれも，弊社から発送する場合の送料は，1回のご注文につき一律380円をいただきます．さらに「代金引換」を希望される場合は，手数料200円が加わります．

▶岩波書店〈ブックオーダー〉 ☎049(287)5721　FAX 049(287)5742 ◀